het is sep.
hee reus, roept sep.
hoe is het met je?
pijn in mijn neus, zeurt reus.
sep laat een peer aan reus zien.
de peer is rijp en zoet.
de peer is voor reus.
reus kijkt er zuur naar.
ik hou niet van peer, roept reus.
wat zeur jij, roept sep.
sep rent weer naar huis.
met de peer.

reus is ziek

Frank Smulders
tekeningen van Leo Timmers

Z ✦ 💡🚋📮   Zwijsen

pijn

zie je dat huis daar?
bij de zee?
in dat huis woont reus.
hij is ziek.
hij voelt pijn.
dan zit de pijn hier.
dan zit de pijn weer daar.
heel raar is dat.
bom, bom, bom.
wie tikt er op de deur?

bom, bom, bom.
wie is daar?
het is sim met een reep.
hoe voel je je? roept sim.
pijn in mijn teen, zeurt reus.
kijk, wijst sim,
een reep voor jou.
reus kijkt vies naar de reep.
ik wil de reep niet, roept reus.
dan niet, roept sim.
sim loopt weer naar haar hut.
met de reep.

boot

bom, bom, bom.
daar is saar met ijs.
op het ijs zit veel room.
hoe is het? roept saar.
mijn buik doet zeer, zeurt reus.
saar zet het ijs bij reus neer.
mmm, doet ze.
eet maar op, reus.
maar reus eet het ijs niet op.
en de room ook niet.

9

saar loopt weer naar huis.

met het ijs.

raar dat reus het ijs niet wil.

saar weet wat.

hup, ze pakt de boot.

ze vaart ver de zee op.

met sep en sim en de reep.

maar ook met de peer en het ijs.

waar vaart de boot heen?

naar tip.

tip is heel leuk.

ze woont diep in de zee.

11

saar en sep en sim zijn bij tip.
tip pakt een pan.
oe, wat doet tip nou?
ze mikt de peer in de pan.
de reep mikt ze er ook in.
en het ijs met de room ook.
ze roert en roert maar door.
ze doet er meel bij.
weet je wat tip aan het doen is?
ze bakt een koek.

13

koek

reus voelt pijn.
dan zit de pijn hier.
dan zit de pijn weer daar.
reus, reus!
wat hoort reus nou?
wie roept daar zijn naam?
dat moet hij zien.
reus holt de dijk op.
reus, reus! hoort hij weer.
hee, wie is dat daar in de zee?

het is tip met een koek voor reus.
het haar van tip zit vol wier.
hee reus! roept ze.
hoe is het met je?
reus roept:
ik voel me top!
kom je ook op de dijk, tip?
in een tel zit tip bij reus.
de pijn in zijn buik is weg.
de pijn in zijn teen is weg.
en de pijn in zijn neus ook.
hoe kan dat nou?

17

reus hapt van de koek.
mmm, peer-reep-ijs-koek!

op zee vaart een boot.
hee daar, in die boot! roept reus.
wie wil er koek?
ik! roept sim.
ik! roept sep.
ik ook! roept saar.
hap, hap, hap ...
en de peer-reep-ijs-koek is op.

Serie 6 • bij kern 6 van Veilig leren lezen